n. 15586.

M. OUDOT.

SOUVENIRS

DU

COLLÉGE DE LANGRES.

———•◦◦✕◦◦•———

M. OUDOT,

PAR

Alexis PIERRON,

Professeur au lycée Saint-Louis.

LANGRES,

IMPRIMERIE DE E. L'HUILLIER.

—

Juin 1855.

(Extrait du *Messager de la Haute-Marne.*)

Il y a aujourd'hui six mois que M. Oudot est mort ; et
le Messager de la Haute-Marne s'est borné jusqu'à ce jour
à mentionner l'affreuse catastrophe qui l'a ravi si cruelle-
ment à sa famille et à ses amis. J'avais espéré que quelqu'un
de ses vieux condisciples, ou quelqu'un de ses anciens collégues, consacrerait au moins quelques lignes à sa mémoire.
Il n'en a rien été, et je le regrette : les camarades d'en-
fance et les contemporains sont seuls en état de dire exactement ce que furent les compagnons qu'ils ont laissés sur
la route. Mais c'est un titre aussi, pour parler d'un homme
et d'un professeur, d'avoir été l'élève de ce professeur, et
d'avoir beaucoup aimé, profondément estimé cet homme.
Puisque les plus compétents se taisent, il faut bien que
d'autres parlent. Donnons donc un souvenir à M. Oudot ;
car il ne serait pas bon qu'un homme comme celui que
nous avons perdu fût parti dans le silence, et sans qu'un
témoignage public lui eût payé, après sa mort, le juste tribut
de cette affection et de cette reconnaissance que tous ses
disciples lui portaient pendant sa vie.

Paris, 2 mai 1855.   A. PIERRON.

SOUVENIRS

DU

COLLÉGE DE LANGRES.

—◦≪◦≫◦—

François Oudot naquit à Rivières-le-Bois, le 25 frimaire de l'an deuxième de la République Française, autrement dit le 15 décembre 1793. C'était donc en pleine Terreur. La déesse Raison étalait partout ses triomphes. Le clergé assermenté lui-même était devenu suspect, et avait été forcé de céder les églises aux émules des Chaumette, des Clootz et des Momoro. Oudot fut pourtant baptisé à sa naissance, et même baptisé par un prêtre de cet ancien clergé qui avait résigné ses fonctions après l'intronisation de Wandelaincourt, évêque constitutionnel de la Haute-Marne. Il aimait à conter qu'on l'avait porté bien loin du village, par des chemins peu fréquentés, jusque dans une solitaire cabane de bûcheron au fond des bois, pour l'accomplissement de la cérémonie. Il m'avait même nommé le courageux ecclésiastique qui brava ainsi, afin de l'enfanter à la vie chrétienne, non seulement les frimas d'un hiver fameux par ses rigueurs, mais la persécution, l'emprisonnement, et peut-être la mort. Je voudrais pouvoir citer ce nom ; mais je le cherche en vain dans mes souvenirs.

Le père de M. Oudot n'était pas riche : il gagnait assez péniblement sa vie dans l'exploitation des forêts qui entourent Rivières, achetant des lots pour les revendre au détail, ou présidant au travail des coupes pour le compte des spéculateurs. C'était un paysan simple et peu lettré ; mais il avait de l'intelligence, une raison droite, et ce qui lui manquait à lui-même lui avait fait vivement sentir le prix de l'instruction. Aussi ne négligea-t-il rien pour doter son fils des avantages d'une éducation soignée. Quand l'enfant sut tout ce qu'on pouvait apprendre au village, et après que le curé de Rivières, si je ne me trompe, l'eût initié aux premiers éléments des connaissances classiques, il fut envoyé à Langres, pour y suivre les cours du collége. En ce temps-là M. Oudot père faisait des affaires presque passables : avec ses petites épargnes, et en s'imposant quelques privations, il espérait mener à bien sans encombre l'œuvre commencée, et suffire à toutes les dépenses nécessaires. Il espérait même voir un jour son fils parvenir à la prêtrise. La douceur du jeune homme, son application au travail, son air tout à la fois sérieux et agréable, semblaient en effet annoncer quelque vocation pour l'état ecclésiastique ; et on l'avait placé dans la pension du Petit-Séminaire.

Personne n'ignore que le Concordat, en rendant la France à la société chrétienne, ne rétablit qu'une partie des anciens évêchés. L'évêché de Langres, un des plus célèbres de la France et du monde entier, une des six pairies ecclésiastiques, un siége dont la juridiction spirituelle s'étendait jadis sur la moitié de la Champagne et de la Bourgogne ; cet évêché fondé presque au temps des Apôtres, et qui avait compté tant de saints et de docteurs, depuis saint Sénator jusqu'au savant et éloquent La Luzerne, demeura anéanti sous les ruines de la Révolution. Le département de la Haute-Marne n'était plus qu'une annexe religieuse d'un autre diocèse. Admirons ici la bizarrerie des combinaisons humaines. Dijon, jusqu'au milieu du dix-huitième siècle, n'avait point eu d'évêques. Louis XV seulement en avait fait une ville épiscopale, et lui avait donné un territoire en démembrant l'immense diocèse de Langres. Et c'est de Dijon que Langres dut dépendre durant le Consulat et l'Empire, et durant les dix premières années de la Restauration ! Mais les séminaires de la Côte-d'Or ne pouvaient suffire à former des sujets pour desservir toutes les cures des deux départements. Langres eut donc, comme Dijon, ses institutions ecclésiastiques. Mais le Petit-Séminaire n'était, à proprement parler, qu'une pension : on n'y donnait point l'enseignement classique, et les élèves suivaient tous les cours du collége, depuis les classes élémentaires jusqu'aux mathématiques et à la philosophie. Ce Petit-Séminaire était nombreux ; ses élèves formaient à peu près la moitié de la population des classes du collége : l'autre moitié se composait des externes proprement dits et des internes.

Jamais le collége de Langres n'avait été si florissant, depuis sa fondation au treizième siècle, même sous la direction des Jésuites, même pendant les trente ans qu'il appartint à l'illustre Université de Paris. Ses magnifiques bâtiments suffisaient à peine à contenir cette studieuse jeunesse qui affluait à Langres de toutes les parties de la Champagne, de la Lorraine, de la Bourgogne et de la Franche-Comté. Il n'y avait pas moins de cinq cents élèves dans les classes, c'est-à-dire autant d'écoliers qu'en comptent aujourd'hui les plus renommés lycées des départements. Il n'y avait pas de classe qui eût moins de cinquante élèves, et quelques-unes en avaient jusqu'à quatre-vingts. Aussi l'empereur Napoléon Ier avait-il décidé, au mois d'août 1813, l'érection du collège de Langres en lycée ; mais les désastres de l'année firent ajourner l'exécution du décret, et les révolutions de 1814 et 1815 mirent la volonté de l'empereur au néant.

Il y avait, dans ces cours si peuplés, bien des jeunes gens d'élite ; et les noms de quelques-uns de ceux qui les suivaient avec François Oudot, soit dans sa classe, soit dans les classes voisines, suffisent pour montrer ce que valait alors le collège. J'en vois deux que l'Université a inscrits parmi ses plus hauts dignitaires : M. Roger, aujourd'hui recteur émérite, autrefois professeur éminent à Paris, que nous avons eu pendant longtemps pour censeur des études à Saint-Louis, homme excellent et très-savant homme, humaniste et grammairien consommé, un vrai *scholar*, comme disent les Anglais, mais un scholar plein d'entrain et de verve, et possédé d'une vraie passion pour les choses de son art; M. l'abbé Noirot, aujourd'hui recteur de première classe à Lyon, et auparavant inspecteur général des études, penseur profond et esprit délicat, un homme qui eût pu écrire des chefs-d'œuvre, car la grâce et la persuasion sont sur ses lèvres, et il a l'éloquence du cœur comme Socrate et Platon : il a été, du moins, pendant trente ans et plus, le modèle du philosophe et du professeur de philosophie; que dis-je? il a fondé une école, ou, pour parler comme il l'aime mieux, il a imprimé son esprit et ses directions à une foule d'âmes distinguées, et il les a conquises pour jamais au spiritualisme chrétien; il a été le maître, et le maître écouté et chéri, des Fortoul, des La Prade, des Saint-Bonnet, des Bouillier, et de ce regrettable Ozanam qui fut à son tour un si éloquent et si admirable professeur. Il ne tint qu'à Louis Roussel, camarade des Noirot et des Roger, de faire aussi son chemin dans l'Université de France : élève de l'École Normale en 1814 avec les Jouffroy, les Damiron, les Bautain, les Alexandre, aimé et estimé de ses maîtres, on le sollicita souvent d'être ambitieux; mais, une fois revenu à son rocher de Langres, il ne le voulut plus quitter; il déclara ses vœux parfaitement satisfaits, et il consacra sans réserve à sa patrie son érudition et ses talents. Et nous n'avons certes pas à nous plaindre de sa modestie, tous tant que nous sommes, nous qui avons été les élèves de M. Roussel, et qui avons puisé, dans ses doctes leçons, des connaissances de toute sorte, et un amour plus profond pour les lettres antiques. M. Minot enfin, qui fut le condisciple et l'ami intime d'Oudot, comptait naguère encore parmi les plus honorables membres de l'Université. En dehors de l'Université, les noms sont innombrables ; choisissons-en quelques-uns : citer MM. Couty, le docteur Marchand de Montigny-le-Roi, Clerget-Vaucouleurs, Athanase Renard, c'est dire l'honneur militaire, le dévouement à l'humanité, la science du jurisconsulte, les travaux du savant et de l'homme de lettres ; citer MM. les abbés Decourcelles, Minguet, Bourlier, Lorain, Morlot, c'est dire toutes les vertus du sacerdoce, et des talents supérieurs, et la fortune méritée d'un prince de l'Église.

François Oudot, dans toutes ses classes, fut digne de ses nombreux et vaillants rivaux. Il occupait toujours les premières places, ou les plus rapprochées des premières ; et il le devait non seulement à d'heureuses dispositions naturelles, mais encore et surtout à son application et à son zèle. Son ardeur studieuse fut à l'épreuve des plus fâcheux contre-temps, et n'en devint que plus vive et plus passionnée. Un jour il apprend que son père a répondu pour un de ses parents, que ce parent est insolvable, que la famille sera désormais plus que gênée : il entreprend d'épargner aux siens la dépense des livres mêmes les plus nécessaires. On le vit donc emprunter à ses amis Homère ou Sophocle, copier de sa main des milliers de vers, des volumes entiers, et suivre sur manuscrits les explications de la classe. Ne le plaignons pas d'avoir été réduit à ces extrémités : il y

fortifia son esprit, et il y acheva son âme, par la patience et la résignation, jointes à l'activité d'une volonté énergique.

La rivalité des séminaristes avec les autres externes se traduisait quelquefois, sur la place Chambeau
ou dans les rues adjacentes, en temps de neige no-
tamment, par d'héroïques combats dont Langres
garde encore la mémoire. Qui ne connait l'iliade de
1810, dont Pitois fut l'Achille et l'abbé Belouet
l'Homère? Qui n'a lu cette *Pitoyade,* où sont inscrits,
dans des vers souvent spirituels, tant de noms chers
à Langres ou aux contrées voisines? Oudot avait
alors dix-sept ans; il était donc un des grands,
quoiqu'il ne fût encore qu'en troisième ou en seconde.
Mais il n'avait pas l'étourderie de son âge. Il ne figura
point, du moins aux premiers rangs, parmi les guer-
riers de son parti; peut-être même demeura-t-il
simple spectateur de la lutte, mais non point sans
doute spectateur indifférent ou timide. Ce qui lui
manquait, ce n'était ni le courage, ni l'agilité, ni la
vigueur. Il était bien proportionné dans sa médiocre
taille; il avait les épaules larges, les bras robustes,
et cette mâle physionomie qui annonce à la fois et la
bonne trempe de l'âme et l'excellent état du corps.
Mais il était un peu myope; et c'est là une infirmité
qui ne permet guère la pétulance, même aux natures
les plus vives. On n'est pas très-belliqueux quand
on n'y voit point à vingt pas sans lunettes. Quoiqu'il
en soit, Oudot n'aspira point à la renommée, dans ce
jour mémorable; et le poëte ne l'a point mentionné

parmi ses héros. Je ne l'en félicite ni ne l'en blâme ;
eût-il lutté corps à corps contre Couty, l'Hector du
collège, eût-il signalé sa vaillance par les exploits
les moins classiques, je pardonnerais à ses fu-
reurs, comme j'ai amnistié son calme et sa pru-
dence. Lisez plutôt ces vers, et voyez où nous en
serions si des folies d'enfants étaient crimes sans
rémission, et s'il nous fallait porter des sentences
impitoyables :

> Et toi qui fais flotter, dans les fêtes brillantes,
> D'un élégant surplis les ailes ondoyantes,
> Doux et gentil Morlot, de Saint-Mammès l'honneur,
> Qui viens à pas comptés répandre dans le cœur
> De l'encensoir d'argent l'odorante fumée,
> Tu combats en dépit de ta mère alarmée,
> Et blesses au talon le brillant Vaucouleurs,
> Dont le teint de la rose imite les couleurs.

O docte abbé Belouet ! ces vers ne sont pas les
meilleurs de votre poëme ; ils ne sont même pas bons ;
mais je vous sais gré de vous être borné à sourire de
ces batailles d'abeilles qu'un peu de poussière suffit à
calmer, comme dans Virgile. Vous n'avez rien pronostiqué contre l'assaillant même ; et, si vous reve-
niez à la vie, ce n'est pas vous qui vous étonneriez
d'avoir à saluer l'un de vos deux batailleurs sous la
toge d'un conseiller de cour impériale, et l'autre
sous le grand chapeau rouge et sous la pourpre
romaine.

Le collège de Langres eut toujours le bonheur

d'avoir des professeurs excellents. Ceux sous lesquels Oudot avait étudié étaient disparus depuis trop longtemps, quand nous étions dans les classes, pour qu'ils fussent à nos esprits autre chose que des noms. Nous savions seulement qu'ils avaient fait de très-bons élèves. L'abbé Belouet faisait seul exception. Quoiqu'il n'eût pas signé la *Pitoyade*, nul n'ignorait qu'il en fût l'auteur; et nous nous forgions naturellement une très-haute idée d'un homme qui avait composé une épopée en deux chants, et dont nous savions par cœur ou dont nous lisions les rimes, et imprimées encore ! J'ai demandé à un des condisciples d'Oudot quel avait été réellement leur honorable professeur de rhétorique; et il s'est trouvé que nous n'avions pas tort de prendre M. Belouet pour un homme supérieur. Il était né avec de grandes facultés, une mémoire extraordinaire, une aptitude universelle. Il était bon littérateur, bon musicien, bon connaisseur en objets d'art. Durant l'émigration, il avait beaucoup voyagé, et fait de longs séjours en Suisse, en Allemagne, en Italie. Il ne lui avait fallu que quelques mois, en Italie, non seulement pour apprendre la langue et la parler, mais pour se mettre en état de la parler en public, de prêcher, et de renouveler, dans la mesure de son talent, le prodige de l'abbé Maury à Montefiascone. Ayant donc beaucoup vu, beaucoup lu, d'ailleurs plein d'imagination et d'esprit, sa conversation était entraînante, et les heures de ses leçons passaient comme des instants. Il n'avait qu'un seul défaut, mais grave : il n'aimait pas assez le travail. Son poëme le prouve encore aujourd'hui par plus d'un mauvais vers et par une foule de négligences. Il se contentait trop facilement des succès d'une improvisation sans effort. Avec du travail, et dans un milieu plus sévère et plus excitant, l'abbé Belouet fut devenu un véritable orateur, peut-être un vrai poëte, à coup-sûr un piquant et spirituel écrivain.

Oudot avait vingt ans, un peu plus un peu moins, quand il termina le cours de ses études classiques. Il lui eut fallu encore bien des années avant de pouvoir être utile à ses parents, s'il était passé au Grand-Séminaire ; et son père était à bout de sacrifices. Il eût fait un excellent prêtre, car il était pieux et bon ; il tâcha du moins d'être un homme utile dans une autre carrière. Il subit les épreuves du baccalauréat-ès-lettres, et il entra comme maître d'études au collége de Langres même. Il fut donc pour sa part l'humble collaborateur des Alexandre, des Trognon, des Jarry de Mancy, ces jeunes professeurs qui vinrent de l'École Normale à Langres, dans les premiers temps de la Restauration, pour y commencer leur carrière universitaire, et qui consolèrent notre collége bien-aimé de la perte de ses vieux maîtres, ou arrêtés par la mort, ou rentrés dans le repos qu'ils avaient si bien conquis par de longs et pénibles labeurs. La première nomination officielle d'Oudot à une chaire est du 5 novembre 1817 ; il fut alors chargé de la classe de sixième. Mais ce n'était point son début comme professeur : il s'était déjà exercé à l'enseignement dans les classes élémentaires, ordinairement dévolues aux plus méritants des maîtres d'études. Une fois professeur en pied, son avancement fut rapide : au mois de septembre 1820, il passait dans la classe de cinquième, et, trois ans plus tard, dans celle de quatrième ; puis, au bout d'une année de professorat en quatrième, il était promu à la chaire de troisième, où il resta fixé pendant environ sept années.

Il est fâcheux, selon moi, que l'avancement, dans les colléges communaux, soit subordonné au changement de classe, et par conséquent à des éventualités dont l'occasion peut quelquefois manquer de se produire : je ne dis pas que c'est exciter les derniers venus à souhaiter la disparition successive de leurs anciens ; mais c'est ravir à des hommes presque toujours très-méritants la perspective agréable de voir dans un temps donné leur position devenir meilleure. Un autre inconvénient, et de beaucoup le plus grave, c'est que tel professeur, excellent grammairien, ne donnera peut-être qu'un humaniste médiocre, et qu'après avoir très-bien fait une sixième, une quatrième même, il fera mal, ou ne fera pas assez bien, une troisième, une seconde, une rhétorique. A quoi bon lui faire désirer de quitter sa vraie patrie, pour devenir malheureux dans une contrée étrangère ? Si les traitements étaient attachés, comme dans les lycées, aux personnes mêmes et non point aux chaires, il n'en serait pas ainsi : chaque professeur, ayant l'espérance d'atteindre un jour, avec changement ou non, à tous les avantages, vivrait satisfait de son état, n'aspirerait qu'à rester dans la classe où il réussit, et subirait les changements quelquefois inévitables plutôt qu'il ne les appellerait de ses vœux. Mais, avec des hommes comme Oudot, il n'y avait pas à craindre que le collége se trouvât mal de ces promotions répétées, qui faisaient passer successivement le même fonctionnaire par toutes les classes, pour monter les degrés de l'inflexible échelle communale. M. Oudot avait fait de bons élèves en sixième, en cinquième, en quatrième : nous pouvons assurer, mes camarades et moi, que nous avons fait avec lui une troisième excellente.

Ici, ce n'est plus à la tradition que j'en appelle ; ce sont mes propres impressions que je recueille, et des impressions dont vingt-cinq années et plus n'ont fait qu'aviver le souvenir. Je prie donc qu'on me permette d'entrer dans quelques détails. Ces détails sont l'essence même de mon sujet. Il faut bien que je dise quel fut Oudot professeur ; ce professeur, il faut bien que je le figure dans le milieu même où je l'ai connu ; et l'on me taxerait à bon droit d'oubli ou d'ingratitude, si je passais sous silence ceux des collégues d'Oudot qui ont été aussi mes maîtres, et à qui j'ai dû, comme tant d'autres, le plus inestimable des biens. Si je me nomme moi-même dans ce qui est une page de l'histoire langroise, ce n'est point certes pour le vain plaisir de parler de moi, mais pour faire comprendre que je ne conte rien que de vrai, et que je ne trace point des portraits de fantaisie.

C'est au mois de novembre 1828 que je suis entré dans les classes du collége de Langres. Etienne Vacherot en était sorti depuis un an à peine, ce même M. Vacherot que nous avons vu professeur et directeur des études à l'École Normale, ce savant philosophe dont l'Université déplore la retraite volontaire, un homme dont les opinions ont pu rencontrer des adversaires habiles et puissants, mais à qui ses ennemis mêmes ne contesteront jamais une loyauté parfaite, une probité sans tache, et d'admirables qualités de penseur et d'écrivain. Le nom seul d'un tel élève dit assez que le collége n'avait point dégénéré, bien que le Petit-Séminaire eût déjà constitué son indépendance.

Le chef de l'établissement était alors un homme encore jeune, de haute taille, d'une physionomie à la fois douce et sévère, et d'un abord agréable. On le craignait et on l'aimait; les écoliers avaient en lui mieux qu'un mentor : un père, un véritable père; homme d'esprit d'ailleurs, lettré autant que pas un, et ayant fait ses preuves durant d'assez longues années de professorat. Mais j'ai presque peur que mon cher Guindey ne lise ceci, et que sa modestie ne s'effarouche de ce que je ne me suis pas borné à citer son nom sans commentaire.

Je me croyais propre à entrer en quatrième, bien que je ne pusse lire le grec. M. Guindey, en homme sage, voulut s'assurer si je méritais qu'on me pardonnât cette imperfection, et m'envoya faire un stage en cinqui me. L'expérience me fut favorable. Au bout de huit jours, je quittai M. Simon, avec joie et regret tout ensemble ; enchanté d'avoir monté d'une classe, et fâché de perdre un professeur qui me plaisait. Je ne sais pas si j'ai jamais parlé depuis lors à M. Simon, ni même si j'ai revu sa personne depuis la distribution des prix de 1832. Cependant je le vois encore dans sa chaire, avec sa vivacité de jeune homme, sa parole rapide et sonnante, son geste presque impétueux ; et je me surprends même articulant quelquefois à sa manière ou les cas divers de *pas, pasa, pan,* ou les flexions du verbe * cïmi.* Avec un maître si actif, si animé, si bien parlant, il était impossible de ne rien apprendre. Je perdais donc beaucoup en le quittant ; mais ce que je trouvai en quatrième me consola bien vite, indépendamment de la satisfaction très-légitime de me voir dans une classe en rapport avec mon âge.

Le professeur à qui M. Simon me cédait était M. Lavocat, celui qui fut depuis professeur de mathématiques à Saint-Dizier, professeur de philosophie à Chaumont, puis proviseur du lycée, et qui est aujourd'hui inspecteur d'Académie à Arras, pour le département du Pas-de-Calais. Ces titres si divers disent assez quelles aptitudes variées distinguent cet honorable fonctionnaire. Mais il ne s'agit ici que du professeur de quatrième. La perfection de l'art, dans l'enseignement des choses de grammaire, consiste à ne rien laisser passer sans le pénétrer à fond, sans l'expliquer avec netteté, complétement mais sobrement ; à faire comprendre la valeur exacte des termes dans les trois langues, à les bien définir, à les bien classer ; à établir enfin une base solide et inébranlable pour les études de goût et de composition littéraire qui doivent remplir les années subséquentes. M. Lavocat excellait dans ces analyses, et, ce qui vaut mieux encore, il excellait à nous en faire comprendre l'importance, à nous en donner la pratique et l'utile habitude. Il exigeait beaucoup de ses élèves, et il obtenait tout ce qu'il exigeait. Il nous inspirait la passion du travail. Les natures mêmes les plus réfractaires se fondaient, pour ainsi dire, sous l'action de sa puissante volonté, et prenaient des qualités auparavant inconnues. J'ai vu des paresseux invétérés se transformer presque instantanément en écoliers exacts et appliqués, et, une fois l'empreinte reçue, rester ce que les avaient faits le maître, non pas seulement jusqu'au bout de l'année, mais jusqu'à la fin de leurs classes, et par delà encore, et même toujours depuis. Nous appelions cela l'extermination des rosses et des cancres. Et cette extermination, M. Lavocat l'accomplissait presque sans en avoir l'air, sans punitions, sans cris, sans paroles dures, par le seul ascendant de son caractère, et par l'effet même du mouvement et de l'intérêt qu'il imprimait à ses leçons. Il est vrai de dire que le nombre des élèves n'était pas assez considérable pour rendre absolument nécessaire une méthode moins paternelle. Depuis le rétablissement de l'évêché, les séminaristes avaient déserté le collége, et diminué de moitié sa population : cependant nous n'étions pas moins de trente-cinq avec

M. Lavocat, c'est-à-dire une assez jolie petite famille.

Nous fûmes plus nombreux encore en 1829-1830 avec M. Oudot : le chiffre atteignit et dépassa même quarante. Avec ce maître, comme avec le précédent, nous ne connûmes ni retenues, ni pensums, ni punitions d'aucune sorte. Nous ne songions nullement à marchander à M. Oudot ce que M. Lavocat nous avait appris à payer régulièrement, avec satisfaction et avec joie. M. Oudot n'avait pas même besoin de faire usage de cette fermeté que semblait annoncer sa physionomie. Nous l'aimions à tel point que nous eussions regardé comme un crime de lui causer la moindre peine, la contrariété la plus légère ; et lui-même, à son tour, il était si content de nous, qu'il travaillait uniquement à nous témoigner son affection, en mettant toute sa bonté, tout son enjouement naturel, toute la grâce de son esprit, à nous rendre l'étude non-seulement profitable, mais attrayante et aimable. Si quelqu'un m'accusait ici de peindre une classe fantastique, j'en appellerais au souvenir de mes condisciples. Plusieurs, hélas ! et des meilleurs, ne peuvent plus répondre à mon appel ; mais il en reste encore plus d'un, et à Langres même ; et tel professeur du collége pourrait dire avec moi : « J'y étais, et j'en sais quelque chose. »

Voici d'ailleurs un fait qui a bien sa signification. Si vous n'êtes plus jeune, vous vous souvenez assurément quel fut l'hiver de 1829-1830, le plus long et le plus froid du siècle ; mais vous pouvez bien ne pas savoir que ce n'est qu'après la révolution de juillet qu'on a vu des poëtes dans les classes du collége de Langres. Hé bien, cette grande salle sans feu où l'encre gelait au bout de la plume, nous y entrions avec plaisir, nous y tenions les deux heures durant sans songer un instant à nous plaindre ; et nous nous apercevions à peine qu'il y fît un peu plus froid que de raison. Je ne donne pas ceci précisément comme un prodige. C'est une forte preuve du moins que M. Oudot avait le plus rare des talents, celui de faire aimer sa parole. J'ajoute que ce n'était jamais au détriment du solide et de l'utile. Si son enseignement n'eût été qu'agréable, je ne l'appellerais pas un enseignement ; mais l'agrément n'y était que ce qu'il doit être, la parure décente de la science et du bien. M. Oudot avait beaucoup d'esprit, avec beaucoup de bonhomie et non moins de finesse ; mais ce qu'il avait à un degré supérieur encore, c'était le bon sens. Sa mémoire était quelquefois un peu rétive et ne le servait pas toujours à souhait ; mais, s'il n'était pas un brillant citateur, il était juge excellent des choses littéraires, et il compensait amplement, par la sûreté de son goût, ce qui lui manquait du côté de la faconde. Il n'était pas ce qu'on nomme un érudit ; mais il était instruit, et il savait à fond toutes les choses indispensables. D'ailleurs curieux de sciences et d'objets dont peu de professeurs de troisième s'inquiètent d'ordinaire ; lisant les philosophes, exerçant sa pensée aux méditations, fortifiant tout ensemble et embellissant son âme.

En 1829, M. Oudot avait trente-six ans, et il paraissait au moins son âge ; car, sans être corpulent, il avait cet honnête embonpoint qui est le signe habituel de l'approche de la quarantaine. J'ai déjà remarqué qu'il n'était pas de très-haute taille : il n'était pourtant pas de ceux qu'on nomme petits. Sa solide carrure lui donnait bonne apparence ; et il n'avait pas encore pris l'habitude de baisser la tête et de pencher le cou en avant. Son visage est un de ceux qui m'ont fait le mieux comprendre certains types d'empereurs romains : il avait le nez très-aquilin, mais non pas trop long ni trop gros ; et son menton s'avançait, comme celui des Césars, carrément et rondement, c'est-à-dire non sans grâce, ayant fossette au milieu. Une barbe noire et épaisse, rasée assez haut, faisait avec une peau très blanche ce contraste presque violent qui donne je ne sais quoi d'imposant et souvent même de dur à la physionomie ; mais des lèvres bien épanouies et doucement souriantes rassuraient bien vite sur la première impression : on sentait instantanément et que M. Oudot était un homme de caractère, et qu'il était un homme plein de bonté. Il avait le son de voix agréable, et comme à l'unisson de sa belle âme. Seulement il suffisait d'une émotion un peu vive pour lui faire perdre la liberté de sa langue, dans certaines articulations ; mais ce bégaiement accidentel ne lui messeyait pas : il ajoutait même une sorte de charme de plus à ces expressions qu'on attendait un instant, mais qui sortaient presque toujours singulièrement frappantes et pittoresques.

L'extérieur de notre cher maître annonçait un homme heureux. M. Oudot était heureux en effet, et autant, je le crois, qu'il est donné de l'être ici-bas. Il n'avait jamais haï personne, et il n'avait que des amis ; il occupait dignement un poste honorable ; il avait pu rendre la vie douce à ses vieux parents ; il avait fait un mariage presque inespéré, et son é-pouse venait de lui donner un fils. C'est une consolation du moins, pour ceux qui l'ont aimé, de songer qu'il a joui, durant de longues [années, d'un bon-heur sans nuage. Il est vrai que la Providence le frappa un jour bien durement dans ses affections : son fils aîné mourut à seize ans, un jeune homme de la plus belle espérance, et dont il était fier à tous les titres. Mais n'anticipons pas sur les temps.

Au sortir de la troisième, c'est M. Robelin qui devait nous recevoir, et continuer sur nous l'œuvre des Lavocat et des Oudot. M. Robelin passait pour un maître habile, très-savant et très-sévère. Je ne puis le juger que sur sa réputation, n'ayant pas eu l'honneur d'être son élève. Deux de mes camarades, ceux que j'aimais le plus, un peu talonnés par l'âge, Athanase Maubrey, qui n'est plus pour ses amis qu'un doux et triste souvenir, et Pierre Potey, de Sacquenay, avaient demandé et obtenu d'être admis en rhétorique. Ils ne me sommèrent pas en vain de les suivre ; et nous allâmes à nous trois grossir la vaillante phalange de M. Roussel, dont Eugène Re-nard était le héros, et Elie Dutailly, Camille Dere-voge, Charles Pignard, Jean Lapaume et maint autre, les dignes et redoutables soldats. J'ai dit plus haut quelles impressions m'avaient laissées les enseignements du savant M. Roussel.

Au mois de septembre 1831, la chaire de philosophie du collége se trouva vacante, et on choisit pour la remplir un professeur des classes inférieures, M. Edouard Richard, le plus jeune des fonctionnaires de l'établissement. M. Richard méritait à bien des titres cet avancement extraordinaire. C'était, dans toute l'acception du terme, un homme très-distingué. Il n'était étranger presque à aucun genre de connaissances, et il avait étudié avec un certain succès les langues et des littératures modernes. Il écrivait en français avec talent, même en vers : je possède encore des vers de lui, écrits de sa main, que n'eût pas désavoués un vrai poëte. Il parlait surtout avec un grand charme, trouvant sans effort l'expression pure et élégante, ayant le son de voix doux et mélodieux, quoiqu'un peu voilé, et accompagnant gracieusement son débit de gestes sobres et simples. Je ne crois pas cependant qu'il fût beaucoup plus philosophe que nous avant sa nomination à la chaire de philosophie. Du moins il s'y mit de tout cœur ; et je me souviens que sa leçon de début fut une leçon très-intéressante, et que celles qui suivirent, pendant deux mois, ne cessèrent pas un instant de nous captiver. Mais notre pauvre maître comptait sans la nature. La marâtre, en lui donnant une taille gigantesque, car il avait tout près de six pieds, avait oublié d'élargir à proportion sa poitrine et ses membres. On eût dit qu'il avait peine à soutenir cette construction trop frêle, et qu'il s'affaissait sur lui-même. Il avait des couleurs vermeilles sur les joues, comme une jeune fille ; mais ces couleurs ne sont trop souvent que l'infaillible signe d'une prédisposition à la phthisie. Au bout de deux mois, Richard était réduit : les médecins le condamnaient non-seulement à nous quitter, mais à renoncer pour jamais à la carrière de l'enseignement. Je l'ai retrouvé depuis à Paris, transformé en savant; capable d'en remontrer aux aides-naturalistes du Muséum ; administrant la fortune et les collections de la Société de Géologie, et jouissant en apparence d'une plus robuste santé. Mais un jour les crises recommencèrent, et la mort le réclama. Il ne lui servit de rien de laisser tout travail, d'échapper aux miasmes de la rue du Vieux-Colombier, et d'aller respirer un air plus pur sur le bord des mers d'Italie. Les amis qui l'accompagnaient dans le funèbre voyage l'ont du moins inhumé en terre française, sur le Var même; et une modeste tombe y dit le nom d'Edouard Richard, et son âge : trente-deux ans !

L'héritage philosophique de Richard, à la fin de 1831, fut dévolu provisoirement à notre cher Oudot. Dieu sait si nous le revîmes avec joie, nous tous qui avions été jadis ses élèves; mais ceux qui étaient nouveaux dans le collége, et qui ne l'avaient point connu, l'aimèrent bientôt autant que nous. Il y en avait dix environ de ces derniers, peut-être davantage ; car le cours, malgré diverses pertes, comptait encore quarante auditeurs. Ces nouveaux étaient pour la plupart d'anciens élèves du Petit-Séminaire, qui voulaient être bacheliers, et qui venaient compléter leurs études et gagner le certificat obligatoire. Il y en avait parmi eux de très-intelligents et de très-instruits; Jean-Jacques Guillemin, par exemple, celui qui est aujourd'hui un des seize recteurs de l'Université. C'est là que j'ai commencé à aimer ce cher condisciple, qui fut depuis mon frère jumeau à l'École Normale : nous y entrâmes le même jour, son nom immédiatement suivi du mien sur la liste d'admission ; une longue et dangereuse maladie le sépara de nous presque au début, et retarda de dix ans sa carrière ; mais, une fois remis en possession de la santé, et redevenu capable de travail, il répara vite le temps perdu, conquit rapidement tous ses grades, et mérita par ses talents et l'éclat de ses services les hautes fonctions administratives où brillent depuis cinq ans ses capacités incontestées et son noble caractère.

L'auditoire de M. Oudot valoit donc autrement que par le nombre. L'honorable professeur, tout en restant lui-même, sut répondre pleinement à ce que ses élèves attendaient de lui. Il n'entreprit pas de nous rendre les belles improvisations de Richard. Mais il nous apportait un esprit mûri par les années et la lecture, façonné de longue main aux spéculations philosophiques, tous les trésors enfin de ses études et de son expérience. Il s'appliqua à nous choisir de bons textes sur chacune des questions du programme, à bien fixer nos idées sur les meilleures solutions, et à nous faire toucher du doigt, pour ainsi dire, tout ce qui se prêtait à une interprétation familière : nous eûmes en lui un commentateur intelligent de tout ce qu'il y a de vrai, de bon, d'exquis, chez les philosophes les plus autorisés ; et ses causeries ne nous furent pas moins utiles qu'eussent pu l'être les leçons mêmes de l'éloquent Richard. Il y a bien des méthodes, et je ne donne pas celle-là comme la méthode par excellence : pourtant je ne conviendrai jamais que ce soit la plus mauvaise. J'ai même des raisons d'affirmer qu'elle est bonne, qu'elle est très-bonne, et des raisons que me fournissent ces mêmes élèves sur lesquels M. Oudot l'appliqua pour la première fois. En voici deux que je livre au jugement des lecteurs.

Un jour, deux messieurs inconnus entrent dans la classe, conduits par le principal. A leur tenue sévère, au ruban rouge qui orne leur habit noir, on devine des inspecteurs. On sut plus tard que c'étaient des inspecteurs généraux. De mémoire d'écolier il n'en était jamais venu dans le collége ; mais ces deux-là s'étaient détournés de l'itinéraire habituel, qui les eût menés directement à Dijon, en nous laissant sur la gauche, ou à Nancy et Strasbourg, en nous laissant sur la droite. Nos deux visiteurs s'assirent sur des fauteuils, et les interrogations commencèrent. Elles durèrent longtemps, et elles portèrent sur presque toutes les questions que le professeur déclarait avoir traitées. On toucha aux plus délicats problèmes, et je me souviens d'avoir eu pour ma part à répondre sur la prescience divine. Or, pas un des interrogés ne demeura muet, et plusieurs parlèrent bien et très-bien, du propre aveu des deux juges. Ces messieurs se retirèrent parfaitement satisfaits. Et voulez-vous savoir qui étaient ces hommes qui nous rendaient ce témoignage, si flatteur pour notre cher maitre ? L'un se nommait Burnouf, et l'autre Dinet. Je les vois encore, ces doctes personnages, avec leurs graves figures, assis en face de nous sur leurs siéges ; et, si j'étais peintre, je serais en état, après tant d'années, de les représenter au vif, et sans qu'il manquât aucun trait essentiel à leur physionomie. Il est vrai que j'ai souvent revu depuis M. Burnouf : dès la fin de 1832, j'assistais comme auditeur à ses leçons du Collége de France. Mais je n'ai jamais eu l'occasion de revoir M. Dinet, et pourtant je le décrirais au besoin des pieds à la tête. C'était alors un homme de soixante ans environ, mais non point un vieillard : son visage était frais et vermeil, avec de belles joues rebondies ; sa carrure était ample et majestueuse, et toute sa personne offrait une image parfaite de la santé florissante et de la dignité sereine. S'il avait eu plus de cheveux, ou si ceux qui lui restaient eussent été un peu plus noirs, on l'aurait pris pour un homme de quarante-cinq ou cinquante ans. Sa puissante maturité faisait un frappant contraste avec la mine un peu chétive de son honorable collègue. M. Burnouf n'avait guère que cinquante-six ans, mais il en paraissait davantage : il n'était pas si chauve que M. Dinet ; mais il était déjà ridé, édenté, presque cassé, et sa mince taille était si exiguë, qu'on eût dit de loin un enfant de douze ans, et qu'assis sur le fauteuil, ses pieds n'atteignaient pas au pavé.

Mon deuxième motif pour ne point désapprouver la méthode de M. Oudot, je le tire du résultat pratique de cette méthode. Au mois d'août 1832, vingt-deux des élèves de M. Oudot se crurent suffisamment armés pour tenter immédiatement les épreuves du baccalauréat-ès-lettres, et ils allèrent tous ensemble affronter dans la même semaine le sévère et redouté tribunal de la Faculté de Dijon. Vingt-deux avaient comparu, vingt-deux furent admis. Sans doute il faut reporter une belle part de gloire et à chacun des dignes maîtres qui, avant notre année de philosophie, avaient travaillé à mettre en nous quelque chose d'eux-mêmes, et à M. Dury, dont la parole si nette et si élégante nous avait initiés, durant cette année-là même, aux éléments des sciences mathématiques et physiques. Mais qui dira qu'Oudot ne fut pour rien dans ce magnifique triomphe du collége de Langres, dont les échos de la faculté de Dijon n'ont pas encore perdu le souvenir, et que le doyen actuel, le savant M. Stiévenart, rappelait, après plus de vingt ans, à un de mes vieux condisciples ?

Voilà comment M. Oudot conquit son titre définitif de professeur de philosophie. Ce titre lui fut décerné le 4 novembre 1832 ; et l'arrêté du ministre n'eut et ne pouvait avoir que des approbateurs.

Je n'ai rien de particulier à dire sur les années suivantes. Je ne connais même que très-vaguement l'histoire du collège de Langres, depuis 1832 jusqu'à ce jour. J'ignore les noms de la plupart des nombreux principaux qui s'y sont succédé après le départ de M. Guindey pour Evreux. Presque tous les fonctionnaires actuels me sont absolument inconnus, hormis les honorables MM. Gauthier et Varney, qui sont trop jeunes pour avoir été mes maîtres, et qui ne le sont pas assez pour avoir été mes condisciples, et J.-B. Constant, mon ancien camarade, que je n'ai revu que deux fois en vingt-trois ans. J'ai entendu conter, à diverses reprises, que le nombre des élèves n'était pas resté ce qu'il fut durant les dix premières années de la retraite des séminaristes. On prononçait même le mot de décadence. J'ai aussi entendu attribuer la décadence tantôt à une cause, tantôt à une autre. Déplorons ces maux, s'ils sont réels ; espérons qu'on en trouvera enfin le remède, et que le collège redeviendra un jour ce qu'il a été durant un quart de siècle et plus, le premier des établissements communaux de France, le rival et le vainqueur du lycée de Dijon, la grande pépinière des bacheliers de l'Académie (1).

---

(1) J'écrivais ceci avant la nomination du principal actuel, M. Bloume, dont l'administration, commencée sous les meilleurs auspices, changera bientôt en réalité ce que je n'entrevoyais alors que comme une espérance.

En 1842, je revis M. Oudot. Dix ans écoulés l'avaient laissé exactement tel que j'ai essayé de le dépeindre. C'était le même homme, non-seulement au moral, mais au physique. Le privilège de ceux qui ont paru, dans la jeunesse, plus vieux que leur âge, c'est de se soutenir longtemps, et d'arriver à cinquante ans avec les apparences qui, à trente, les faisaient prendre pour des quadragénaires. Les souvenirs du passé nouèrent bien vite, entre le maître d'autrefois et le disciple devenu homme, de douces et intimes relations, ou plutôt une vive et réciproque amitié. Je me faisais une véritable fête à l'idée de retrouver ce digne ami, quand le loisir des vacances me ramenait vers ma patrie d'adoption ; et je n'avais pas besoin de ses assurances pour sentir que mes émotions étaient partagées, et qu'il ne me revoyait pas sans plaisir. Je ne compte point parmi les heures les moins agréables de ma vie celles que nous avons dépensées à causer ensemble, soit au sein de sa famille, soit à Blanche-Fontaine ou autour des remparts, quand le temps permettait les conversations péripatéticiennes.

J'ai aussi noté d'un caillou blanc la journée que je passai, au mois de septembre 1844, dans sa maison des champs. L'hospitalité de M. et Mme Oudot était franche et cordiale, et de cette vieille bonne façon qui n'est pas rare dans nos contrées. Jamais M. Oudot ne m'avait semblé plus gai que ce jour là, plus affectueux, plus spirituel, plus heureux surtout : il est vrai que ses meilleurs amis étaient sous son toit et à sa table ; et c'est en nombreuse et charmante compagnie que nous devisions sur ce tout et sur ce rien, inépuisable fond des entretiens sans étiquette et sans gêne. Oh ! s'étendre sur l'herbe, à l'ombre d'un grand arbre, par un clair soleil, au penchant d'une colline pittoresque, et laisser aller sa pensée et sa parole à tous les sentiments qui traversent l'âme, tandis que les yeux errent çà et là sur le village, sur les cultures florissantes, sur les bois verdoyant au loin, sur le ruisseau presque dormant, ou s'arrêtent sur de belles vaches bien grasses, paissant ou ruminant dans la prairie ! Je rappelais à mon cher maître, en descendant à son jardin, les vers immortels où les poëtes antiques ont célébré ces joies des cœurs naïfs et simples. Et lui, souriant de son plus doux sourire : « Mon ami, me dit-il, votre églogue n'est pas un songe. Voyez, je vous prie. » J'avais devant moi le frais et calme paysage de Rivières, les magnifiques forêts qui le dominent et l'encadrent, et la ferme de Montfricon sur son riant coteau, et la verte vallée où la Resaigne promène ses eaux paisibles. Les convives de tout à l'heure étaient debout en contemplation, ou signalant à leurs voisins quelque détail particulier du tableau. Plusieurs avaient fait comme Socrate et Phèdre dans Platon. Nous nous jetâmes sur le gazon à côté d'eux. Si j'ai jamais compris Lucrèce et Virgile, c'est là, près de M. Oudot, parmi ces hommes qui lui étaient chers, aux rayons d'un brillant soleil d'automne, et en face d'une admirable nature.

Un an plus tard, le deuil était dans la famille. Hippolyte était mort, cet enfant dont j'avais vu quinze ans auparavant les premiers jeux, ce fils aîné qui était naguère encore le plus grand bonheur de la maison, et qui promettait, par ses qualités aimables, par son intelligence précoce et ses succès classiques, un homme digne de son père. M. Oudot était brisé. Son visage était sombre, et toute son attitude exprimait le chagrin. Une incurable mélancolie s'était emparée de lui. Elle s'adoucit avec le temps; mais il ne recouvra jamais son ancienne gaité : je l'ai vu sourire encore, mais il y avait toujours je ne sais quoi de triste dans son sourire. Les biens qui lui restaient ne suffisaient pas à le consoler du bien qu'il avait perdu. L'amour même qu'il portait à son épouse et à son second fils, désormais unique, ne comblait pas le vide de son cœur. Le souvenir de l'absent venait l'assaillir et l'émouvoir jusque dans les plus douces effusions de ses sentiments d'époux et de père. Il lui fallut des années pour se remettre un peu, et pour se reprendre à la vie.

Il continuait de remplir ses fonctions de professeur, mais il éprouvait le besoin du repos. Il acheva seulement le temps requis, afin de ne pas perdre le bénéfice de ses services antérieurs; et, à la fin de 1847, il céda sa place à un autre. Il eut cependant quelque peine à s'habituer à ce repos honorable qu'il avait souhaité. On n'a pas fait impunément la classe pendant trente ans; et il s'apercevait que les heures les plus pesantes ne sont pas toujours celles des travaux les plus pénibles.

Mais les événements de 1848 lui firent bien vite oublier toute préoccupation personnelle. Il comprit que, dans la tourmente, chacun avait quelque devoir public à remplir; il vit à l'instant quel pouvait être le sien : maintenir dans le bon sens et la raison ses concitoyens de Rivières. Il s'établit définitivement parmi eux, il se dévoua sans réserve à leur bien, il fut leur conseil, et comme leur protecteur contre eux-mêmes. Ces bons paysans se fussent égarés peut-être, ainsi que tant d'autres, s'ils n'eussent été sans cessé avertis par une voix amie. Il eut le titre de maire de la commune au mois d'août 1848; mais ce n'est pas ce titre qui avait fait son ascendant et sa puissance : bien avant le mois d'août, ses compatriotes ne juraient que par lui, et suivaient en toutes choses ses impulsions salutaires. Il les avait préservés de toute faute dans ces jours de crise; il continua de les servir quand les jours furent devenus meilleurs. Il ne les quitta presque plus ; et les dernières années de sa vie furent uniquement consacrées à la défense de leurs intérêts, au soin de leurs personnes , et à ces mille devoirs sans l'accomplissement desquels on n'est maire que de nom. Je n'ai pas besoin de dire que le choléra de 1854 le trouva à son poste.

M. Oudot fut le noble émule des Truchot, des Marchand, des Déchanet, et de tous ces maires de la Haute-Marne qui signalèrent contre le fléau leur charité et leur courage. Il savait l'impuissance absolue de l'art dans les cas caractérisés de cette étrange maladie; mais il savait aussi qu'une prompte et énergique médication la peut couper efficacement dans ses prodromes, et que la paix de l'âme, une alimentation salubre et une bonne hygiène sont des préservatifs presque infaillibles contre ses atteintes. Aussi ne se borna-t-il point à organiser des secours médicaux. Son premier soin fut de prémunir des intelligences simples et bornées contre d'absurdes préjugés, et de les guérir de cette vague et énervante terreur que le nom seul de choléra répandait partout avant l'invasion même. Il fit comprendre à ses administrés que le plus sûr n'était pas de fuir, d'abandonner les malades, de se montrer lâche et vil; et pas un ne manqua dans l'occasion à ce qu'on doit aux siens et à soi-même. Ses leçons aussi étaient autre chose que des paroles; car il prêchait d'exemple. Qui l'eût empêché de quitter Rivières, et d'aller rejoindre son épouse, qui suivait et surveillait à Langres les études de son fils? Mais non; il était là parmi eux, assistant les malades, prodiguant les consolations, reconfortant les cœurs, et suivant, en frère et en ami, à leur dernière demeure ceux que rien n'avait pu sauver.

Il n'avait jamais été, aux yeux des habitants de Rivières, ce qu'on nomme un parvenu : ceux qui l'avaient connu pauvre, non seulement lui pardonnaient son aisance, dont il avait toujours fait un noble usage, mais ils en étaient heureux pour lui; et ils étaient fiers de ce petit François qui était devenu un savant, un Monsieur, un propriétaire, le premier homme du village, sans cesser d'être naïf et bon; qui leur serrait la main, qui comprenait leur langage, et qui leur rendait en patois leurs saluts affectueux. Sa bienfaisance en tout temps avait été grande : avant et pendant le fléau elle fut inépuisable, et, ce qui en doublait les effets, active, infatigable, intelligente. Donner est certes trop douce chose pour être la plus méritante des vertus : celui qui fait l'aumône se rend heureux lui-même, en rendant le pauvre moins malheureux. Mais le maire de Rivières donnait, et donnait encore : il retranchait sur sa frugalité même, content de pouvoir se dire, devant une table d'anachorète, que ces mets qu'on ne lui servait pas avaient ranimé les forces de quelque convalescent, ou rendu moins sec le dîner de quelqu'un de ses pauvres. Ajoutez que ses exemples étaient féconds, et qu'il ne fut pas seul dévoué et secourable. Ce fut dans tout le village comme une émulation de bonnes œuvres. Je ne parle pas du pasteur de la commune, ni de l'instituteur, ni des deux sœurs institutrices. Ceux qui ont charge d'âmes sont condamnés à toutes les vertus, et ceux qui avaient charge d'âmes à Rivières n'avaient pas besoin qu'on les provoquât au dévouement ; ils étaient admirables de simplicité, de sérénité, de courage.

L'épidémie sévit pourtant, mais non pas avec cette intensité qui l'eût certainement signalée, si le mal fût venu assaillir des âmes moins bien prémunies, des corps moins sains et moins dispos.

Le mois d'août réunit toute la famille à Rivières. Le choléra avait disparu, et les travaux champêtres se poursuivaient avec l'activité et la régularité accoutumées. M. Oudot aimait la promenade; il l'aimait surtout en cette saison, quand les moissonneurs sont dans les blés, et que les lourds chariots gémissent sur les chemins, apportant vers les granges ces précieux fruits de l'année, échappés enfin aux intempéries. Son fils, qui n'était plus un enfant, était son compagnon ordinaire dans ses courses à travers collines et vallons. Un chien était en tiers avec eux, éclairant au loin la route, tournant autour des buissons, quêtant les cailles sous les javelles, ou suivant les perdrix le long des sillons creux, et s'étonnant du pacifique bâton que tenait en main son maître. Si la chasse eût été ouverte, M. Oudot aurait été armé du fusil. Il n'était qu'un demi-chasseur; mais il faisait acte de chasseur au temps licite, en dépit des lunettes, ou plutôt grâce à elles; et ses soixante ans l'avaient laissé suffisamment robuste et ingambe, pour se plaire aux fatigues de la chasse en plaine. Voilà pourquoi son chien était toujours un chien couchant: il le voulait non seulement bon pour la garde, mais propre aussi à trouver le gibier, et à l'aider dans ses entreprises contre les lièvres mêmes. Celui qu'il avait alors s'entendait à cette guerre; mais il était d'un caractère très-hargneux. M. Oudot s'en fut défait volontiers; mais septembre approchait, il n'avait pas le temps d'en élever un autre; et les services qu'il comptait retirer bientôt de ses talents lui faisaient prendre patience jusque après la saison.

Un jour, les trois compagnons allaient je ne sais où, peut-être nulle part: ils marchaient devant eux.

Un mâtin se présente sur le sentier : grognement des deux chiens au passage, fureur réciproque, et presque incontinent bataille acharnée. Le jeune homme s'empresse d'aller séparer les combattants. Il met le mâtin en fuite, et tâche de calmer l'autre. Mais l'animal est sourd à sa voix ; il se tourne contre celui qu'il caressait encore tout à l'heure ; il s'élance pour mordre. A ce moment le père arrivait, un bâton à la main. Il frappe le chien, et dégage son fils. Mais le chien ne se soumet point comme autrefois : il se jette sur la main qui le châtie. « Misérable ! s'écrie M. Oudot, tu mords ton maître ! » Ce cri, cet accent d'indignation rappellent le chien à lui-même : il se couche comme repentant, et il s'avance en rampant pour lécher le sang qui coule de la plaie. M. Oudot eût pardonné ; mais le jeune homme insista pour une punition prompte : le coupable fut remis à sa discrétion ; et il alla, presque sur l'heure même, le livrer aux balles du garde forestier.

M. Oudot soigna sa main en lavant et bandant la blessure, comme on fait d'ordinaire. Tailler à vif les bords tout autour, cautériser la chair, verser de l'alcali, il n'y songea pas un instant ; et rien au monde ne l'y devait faire songer. Son chien, le matin même encore, était bien buvant, bien mangeant. C'était la première fois qu'il mordait son maître ; mais ce n'était pas la première fois qu'il eût mordu. On le savait hargneux : qui eût pu le soupçonner malade ? Il l'était pourtant, ou plutôt il l'était instantanément devenu durant la bataille : l'écume de sa gueule s'était imprégnée de venin dans le paroxysme d'une rage accidentelle ; et cette langue repentante, qui semblait avoir voulu effacer, sur la main de M. Oudot, les traces d'une abominable ingratitude, avait inoculé dans les veines du maître l'infection et la mort.

La plaie fut longue à se fermer. Cette circonstance aurait pu donner quelque inquiétude à M. Oudot ou aux siens. Mais on se rappelait le chien mangeant sa dernière soupe, et l'on se rassurait. Quand la plaie fut guérie, on n'y pensa plus ; et l'aventure du mois d'août s'oublia comme tout s'oublie. A la fin du mois d'octobre, M. Oudot était seul à Rivières. Son fils avait repris le chemin de la ville ; et Mme Oudot, en ramenant le jeune homme après ses vacances, avait certainement sa pensée à tout autre chose qu'au chien détruit et à la morsure impie. A Langres comme à Rivières, la sécurité était profonde.

Cependant l'incubation du venin était arrivée à son terme. Un jour M. Oudot se sent saisi d'angoisses étranges ; un feu inconnu brûle sa poitrine ; ses membres frissonnent sans cause ; sa vue se trouble ; son imagination se peuple d'horribles fantômes. L'accès se passa ; le calme et la raison reparurent, et la réflexion, hélas! M. Oudot rappela à son esprit le passé, et se tint pour mort. Son médecin, à la première vue, pensa comme lui : il eût voulu douter, car il aimait le malade; mais douter devenait impossible, après l'horreur qu'avait causée à M. Oudot l'approche de la potion la plus innocente. « Tout plutôt que de boire! » s'écriait l'infortuné. Le docteur Semelet obtint enfin qu'il bût : moitié gré, moitié force, l'infusion passa et rafraîchit ses entrailles brûlantes. Quand il fut remis de cette secousse, M. Semelet lui permit de partir immédiatement pour Langres. On eut bien vite préparé tout ce qui était nécessaire au voyage; et une des sœurs institutrices, prévenue de tout par le médecin, arrivait à la maison pour accompagner le malade jusqu'à la ville. Au moment de partir, M. Oudot se tourna vers sa servante : « Adieu, Marie, lui dit-il; continuez de bien vous conduire, et ne m'oubliez pas dans vos prières. » La pauvre fille avait trop bien compris. Elle ne put répondre, tant son cœur était serré : elle se mit à sangloter, et fondit en larmes. Bientôt la voiture roula sur la route. Après quelques paroles échangées entre les deux voyageurs, il y eut un assez long silence. La chère sœur Julie baissait la tête et les yeux, et priait avec ferveur. M. Oudot pensait. Il repassait dans son esprit les jours écoulés; il revoyait son bonheur d'autrefois; il songeait à cet éternel adieu qu'il lui faudrait dire demain peut-être à toutes ces affections dont il jouissait si paisiblement hier encore. Cependant il était résigné, et ne murmurait pas contre la Providence. Il acceptait la mort, et quelle mort! non pas sans regrets, certes, mais sans lâcheté ni sans crainte. O douce foi du chrétien! ce sont là de tes miracles. Il était fortifié d'immortelles espérances contre les horreurs mêmes des crises qui devaient provoquer la crise suprême.

Ses méditations ramenèrent sa pensée vers la sainte femme qui était assise à ses côtés. Il se tourna vers elle, et il vit sur ses traits les signes manifestes d'une émotion profonde. C'était la pitié d'une âme tendre; mais il craignit que ce ne fût aussi quelque insurmontable sensation de terreur. « Ma sœur, lui dit-il, vous savez où j'en suis; mais rassurez-vous, c'est pour un autre jour. Aujourd'hui il n'arrivera rien. Ajoutez à votre dévouement pour moi une autre bonté : faites que ma femme et mon fils ignorent ce qui s'est passé, et laissez-moi les préparer moi-même à leur malheur. » Il disait ces paroles d'une voix calme et avec un visage serein ; mais le cœur de sa compagne bondissait de douleur et de compassion : la bonne sœur n'y tint pas, et de grosses larmes jaillirent de ses paupières.

Mme Oudot et son fils accueillirent les arrivants avec étonnement et avec joie. Il ne fut pas difficile de leur dissimuler la vérité. Le premier accès n'avait pas dévasté le visage du malade; et un peu plus de tristesse sur une physionomie ordinairement pensive et grave, ce n'était pas de quoi effrayer, ni surtout de quoi révéler l'horrible secret. M. Oudot dit qu'il avait été indisposé, mais qu'il se sentait mieux ; et il le prouva en accompagnant son épouse en divers lieux où elle avait affaire. C'était le lundi, 30 octobre 1854. Ceux qui aperçurent ce jour-là M. Oudot dans les rues de Langres furent surpris de le voir sitôt de retour, car il séjournait habituellement à Rivières jusque dans l'arrière-saison, et il ne quittait la campagne qu'après la fin des travaux. On crut que ce n'était qu'un voyage accidentel ; et il se garda bien de rien faire pour détromper les amis qui venaient lui serrer la main. Il espérait de la médecine un peu d'adoucissement à ses souffrances futures. Il manda le docteur Gillot, son ami, un de ses anciens élèves. M. Gillot était absent, et ne vint que plus tard. En attendant, un autre médecin accourut à l'appel, et ne le quitta presque plus, M. le docteur Laurent, un de ses élèves aussi, et de ses amis les plus dévoués. Les deux médecins travaillèrent de concert à lui rendre la mort moins dure. Le secret fut d'ailleurs inviolablement gardé ; et ni Mme Oudot, ni son fils, ni même aucune des personnes qui assistèrent le malade tremblant et délirant dans son fauteuil, ne se douta d'abord qu'il fût vraiment en danger, ni surtout pourquoi il était en danger.

Cependant il avait voulu voir M. le curé de Saint-Martin. Il s'était ouvert à lui sur sa fin prochaine, et lui avait demandé les consolations sacrées. Il s'était seulement réservé de réclamer lui-même le dernier viatique, et de fixer le moment de la cérémonie. Le jour de la Toussaint, il sentit que c'en était fait. Il révéla à sa femme et à son fils la nature du mal, et leur fit les plus tendres adieux. Quand la douleur et le saisissement leur permirent l'usage de la voix, ils essayèrent de raisonner contre ces prévisions funèbres. Mais leurs paroles furent sans effet. « C'est demain le jour des morts ; ce sera aussi mon jour. » Il ne sortait pas de cette idée. Quand il eut réglé ses affaires terrestres, il se tourna vers les célestes, et il demanda l'extrême-onction. Après la cérémonie, il eut encore le temps d'adresser à son fils ces solennelles leçons de mourant qui ne s'oublient jamais, et de répéter ses touchants adieux d'époux et de père.

L'infortuné ne s'était pas trompé : l'agonie devait commencer ce jour-là même. Elle fut longue et affreuse. J'en ai entendu conter les navrants détails. Mais nous ne faisons point une description pathologique. M. Oudot fut admirable encore dans les courts instants où sa pensée redevenait lucide. Torturé par la douleur, et pressé d'inexprimables angoisses, il resta digne de lui-même. « O mon Dieu ! j'ai donc bien péché, j'ai donc été bien criminel à vos yeux, puisque je méritais une telle mort ! » Ce fut là sa seule plainte ; ou plutôt ce fut la déclaration sublime de sa conformité aux mystérieuses volontés de Dieu sur sa destinée.

Les savants docteurs avaient pronostiqué qu'il passerait durant une crise, et que la crise dernière serait violente, la plus violente de toutes. « C'est ainsi, disaient-ils, qu'on l'a observé dans les cas analogues.» Le 2 novembre, après un accès qui avait été long et terrible, M. Oudot avait encore dit quelques paroles, puis il s'était affaissé sous la fatigue : il dormait, ou il semblait dormir. On l'entendit soupirer doucement. On crut que les crises allaient le ressaisir. On s'approcha de lui, on lui souleva la tête, on lui tint les bras. Il ne bougea point, il ne se réveilla point : ses souffrances étaient finies. La mort avait pris notre cher maître, notre ami, un des hommes les meilleurs que nous ayons connus, un chrétien et un sage, le plus doux et le plus aimable des hommes.